AF457731

EXPLICATION

DU

TABLEAU

DE

L'HISTOIRE UNIVERSELLE,

A L'AIDE DUQUEL ON PEUT SANS PEINE, EN MOINS D'UN JOUR, CLASSER DANS SA MÉMOIRE L'ORIGINE ET LES RÉVOLUTIONS DES PRINCIPAUX PEUPLES DU MONDE JUSQU'AU DIX-NEUVIÈME SIÈCLE;

PAR STRASS,

PROFESSEUR D'HISTOIRE AU CORPS ROYAL A BERLIN.

DEUXIÈME ÉDITION.

A PARIS,

CHEZ SAINTAIN, LIBRAIRE,

RUE DU FOIN SAINT-JACQUES, N°. 11.

1816.

EXPLICATION

DU TABLEAU

DE L'HISTOIRE UNIVERSELLE.

Le but du Tableau du *Cours des Temps* est de présenter à l'œil, d'une manière claire, l'origine des principaux peuples de la terre, les grandes révolutions qu'ils ont éprouvées, et les époques où ces révolutions ont eu lieu.

Pour atteindre ce but, on a d'abord tracé, des deux côtés de la carte, des échelles de temps divisées par siècles. De ces divisions partent des lignes parallèles, qui, en traversant la carte dans toute son étendue, indiquent la date des faits retracés dans chaque siècle.

Les nuages qui occupent le haut de la carte représentent les temps inconnus aux historiens. De ces nuages, considérés comme une source, sortent à différentes époques, sous la forme de fleuves, les nations dont on veut retracer l'histoire. D'après cet aperçu, il est aisé de voir que les Chinois forment la nation la plus ancienne suivant les historiens, puisque ce fleuve commence plus haut que les autres fleuves.

Si vous voulez connoître à quelle époque commence l'origine de cette nation selon l'histoire, suivez de l'œil la ligne qui, de sa sortie des nuages, correspond à l'échelle des temps, et vous trouverez l'an 1500 de la création du monde.

En suivant le même procédé, il est aisé de voir que les Égyptiens et les Assyriens sont, après les Chinois, les peuples les plus anciennement connus, puisque la ligne à la hauteur de laquelle se trouve leur sortie correspond à l'an 1800 de la création : ce qui annonce que ces nations n'étoient point connues avant cette époque.

Des rivières, des simples ruisseaux qui viennent se jeter dans ces fleuves, ou qui s'en séparent, désignent les conquêtes qui ont augmenté le territoire des peuples, ou les pertes qui l'ont diminué.

En continuant leur course, ces fleuves se partagent, se réunissent, et se partagent de nouveau. C'est ainsi que, dans l'histoire des hommes, on voit les grands empires naître de la réunion de diverses contrées, puis s'écrouler, et des débris de leur chute former des états séparés.

Pour rendre ce que nous venons de dire encore plus clair, prenons un des fleuves représentés sur cette carte, celui des Italiens, pour exemple.

Si l'on se rappelle bien que la division des siècles est indiquée par les lignes horizontales qui traversent le tableau, on verra que l'Italie commence à être connue des historiens vers l'an 2100 de l'âge du monde, parce que c'est à cette époque que le fleuve sort des nuages : on verra aussi que *Janus*, le premier roi de l'Italie, régna dans le vingt-septième siècle ; que dans le vingt-neuvième *Énée* vint s'établir de Troie en Italie ; enfin, que Rome est fondée dans le trente-troisième siècle, et que la république romaine s'établit dans le trente-cinquième : ainsi de suite pour tous les autres événemens retracés dans le cours de ce fleuve.

Les échelles placées sur les côtés de la carte présentent plusieurs manières de compter le temps. Dans la première colonne, à droite et à gauche, on voit les années qui précédèrent la venue de J.-C., et dans la colonne qui est à côté, celles qui se sont écoulées depuis la création du monde. Plus bas, du côté gauche, vis-à-vis l'an 3230 de la création, commence l'ère de Rome, qui date de la fondation de cette ville fameuse. A côté sont les *olympiades* des Grecs, dont la première répond à l'an du monde 3208 ; mais à l'époque de la naissance du Christ (l'an 3984), les années de la fondation de Rome sont remplacées des deux côtés par l'ÈRE CHRÉTIENNE.

De toutes ces manières de supputer le temps, nous n'emploîrons que l'âge du monde pour désigner les époques qui précédèrent la venue du Christ, et l'ère chrétienne depuis J.-C. jusqu'à nos jours. Les époques de ces ères sont indiquées par un caractère plus gros sur les échelles de notre carte.

Les noms des souverains ou chefs de peuples sont inscrits dans le cours même du fleuve qui représente la nation qu'ils gouvernoient ; à côté se trouve la date précise du commencement de leur règne. Ainsi, le nom d'*Inachus*, le premier roi des Grecs, est précédé par le nombre 27 ; et comme son règne se trouve inscrit dans l'espace qu'embrasse le vingt-et-unième siècle, on voit que son règne date de l'an 2127.

Outre le nom des souverains, on a inscrit dans ces fleuves les grands événemens qui ont signalé l'histoire des peuples.

Un fleuve particulier, situé au côté droit du tableau, ne désigne aucune nation en particulier. Il a été consacré à l'indication des découvertes dans les arts et les sciences, et des progrès de la civilisation.

Nous allons actuellement parcourir avec rapidité l'histoire des nations, en suivant les fleuves dans leur course. Ces développemens seront inutiles peut-être aux personnes instruites ; mais ils rendront l'utilité de notre tableau encore plus générale, en le mettant à la portée des enfans qui possèdent déjà quelques notions d'histoire.

ITALIENS.

Le premier fleuve à gauche, indiqué par la couleur jaune, présente l'histoire des Italiens. Diverses petites branches de la même couleur, et qu'on peut comparer à des ruisseaux, viennent s'y jeter, et désignent les colonies qui de l'Asie-Mineure ou de la Grèce vinrent s'établir en Italie. L'un de ces ruisseaux, qui correspond à l'an 2800, représente l'émigration d'*Énée*, qui, après la ruine de Troie sa patrie, vint chercher un asile en Italie, où il fonda un royaume.

Après le trente-deuxième siècle, le fleuve de l'Italie se divise en trois branches. *Rome*, qui vient d'être fondée par *Romulus*, domine sur celle du milieu. Les branches latérales représentent les principaux états de l'Italie qui étoient indépendans. Cependant, affoiblis par les diverses conquêtes que Rome fait sur eux, ils se soumettent au joug des Romains vers le trente-septième siècle.

Ici la gloire et la puissance de Rome s'accroît avec une rapidité extrême. Le fleuve qui la représente, se grossissant des autres fleuves qui viennent s'y jeter, annonce que l'empire romain s'est agrandi par de nombreuses conquêtes.

A gauche, les diverses provinces des Gaules viennent tour à tour s'y réunir, et changent leur couleur rouge contre la couleur jaune du fleuve de Rome, pour indiquer que dès ce moment elles font partie de l'empire romain. A droite, la Sicile, l'empire des Carthaginois en Afrique; l'Épire, province d'Asie, et tous les pays qui avoient été réunis sous la domination d'Alexandre-le-Grand, s'y joignent aussi. Le fleuve, augmenté par ces conquêtes, acquiert une largeur extraordinaire; mais bientôt il va perdre de son importance, et, se séparant en plusieurs branches, il représentera la division de l'empire romain et sa décadence.

Cette décadence devient surtout remarquable vers le quatrième siècle de notre ère, à l'époque où Théodose, partageant ses états, donna l'*empire d'Orient* à Arcadius, et l'*empire d'Occident* à Honorius.

EMPIRE D'ORIENT.

Il est représenté sur cette carte par un fleuve d'une couleur orangée, dont le cours commence vers l'an 400 de l'ère chrétienne.

On voit que jusqu'au milieu du sixième siècle il n'éprouve aucune diminution. Vers cette époque il commence à essuyer des pertes, et sa largeur diminue. A gauche, la *haute Italie* est conquise en 568 par les Lombards; la *Pannonie* par les Abares; la *Mœsie* par les Bulgares, et bientôt la portion de l'Italie appelée *Exarchat de Ravenne* s'en détache.

A droite, la *Phénicie*, la *Palestine*, la *Syrie*, l'*Égypte*, l'*île de Cypre* et celle de *Rhodes* vont successivement grossir le fleuve qui représente la domination des Arabes. Il en est de même de l'*Afrique occidentale*, de l'*île de Crète* et de la *Sicile*.

Depuis cette dernière perte, qui a lieu vers le commencement du neuvième siècle, le cours du fleuve n'éprouve aucune diminution remarquable, et sa largeur reste la même jusqu'au commencement du treizième siècle. Un grand changement a lieu à cette époque. L'empire d'Orient (ou le fleuve qui le représente) est partagé en trois branches principales. Celle à droite désigne la partie qui reste sous la domination des empereurs grecs; la branche du milieu indique l'*empire des Latins*, conquis par les croisés, et dont *Baudouin*, comte de Flandre, fut le premier souverain. La troisième branche, plus étroite, représente l'empire de *Trébisonde*, autre démembrement de l'empire d'Orient. Une quatrième branche indique la séparation de l'*Archipel de la Grèce* et de *Venise*.

Cependant, en 1255, les deux branches principales se réunissent encore; mais le fleuve éprouve ensuite des saignées nombreuses, et ses pertes vont toutes enrichir l'*empire des Turcs*, que désigne un fleuve de couleur jaune; enfin, en 1453, *Constantinople*, capitale de l'empire d'Orient, est prise par *Mahomet II*, empereur des Turcs, et cet empire se confond avec celui des Ottomans, dans lequel viennent aussi se perdre la principauté de Trébisonde et plusieurs autres provinces.

Nous allons actuellement parler de l'autre portion de l'ancien empire romain.

EMPIRE D'OCCIDENT.

Le fleuve de l'empire d'Occident, qui a conservé la couleur de celui de l'empire romain dont il faisoit partie, poursuit sa route de droite à gauche du tableau; mais dans sa course il éprouve des pertes si fréquentes, que bientôt il aura cessé d'exister. La *Bretagne* ou *Angleterre*, l'*Espagne*, les *Gaules*, s'en séparent successivement. Enfin la conquête de l'Italie, faite en 476 par *Odoacre*, roi des Turcilinges et des Hérules, met fin à l'empire d'Occident.

Nous remonterons actuellement vers le haut du tableau, afin de reprendre l'histoire d'un de ces peuples dont l'origine est d'une haute antiquité.

GRECS.

L'ORIGINE des Grecs paroît remonter encore plus haut que celle des habitans de l'Italie. Le fleuve qui représente ce peuple offre d'abord le nom d'*Inachus*, le plus ancien de tous les rois grecs, et le fondateur du royaume d'*Argos*.

Après le vingt-quatrième siècle, ce fleuve se divise et se subdivise en plusieurs branches; *Cécrops* amène d'Égypte une colonie, et fonde le royaume d'*Athènes*; *Cadmus*, venu de la Phénicie, fonde celui de *Thèbes*. Ces royaumes, ceux d'*Élis*, de *Corinthe*, de *Lacédémone*, sont représentés par autant de branches. Le royaume de *Mycènes*, démembrement de celui d'*Argos*, se réunit vers le commencement du vingt-neuvième siècle à celui de Lacédémone, et s'en sépare ensuite. Après une longue course ils vont se perdre dans le fleuve immense qui représente les conquêtes d'Alexandre-le-Grand.

ASIE-MINEURE.

LE fleuve de l'Asie-Mineure se divise non loin de sa source en trois branches, qui représentent les *Troyens*, les *Lydiens* et les *Phrygiens*.

Après un petit nombre de siècles d'existence, le cours de la branche qui désigne l'empire troyen est suspendu; *Troie* est détruite par les Grecs, et le fameux *Énée* est allé avec le reste des Troyens fugitifs chercher un asile en Italie.

Mais bientôt une autre branche la remplace.

Les *Éoliens*, venus d'Argos, les *Ioniens* et les *Doriens*, sortis du royaume d'Athènes, forment cette nouvelle branche, qui se joint, ainsi que celle des Phrygiens, à la Lydie, et constitue l'empire de *Crésus*, empire qui doit bientôt devenir la conquête des Perses.

ASSYRIENS.

L'ORIGINE des Assyriens remonte encore plus haut que celle des Grecs. Le fleuve qui représente ce peuple suit paisiblement son cours pendant une longue suite de siècles, sans éprouver ni pertes ni augmentations; mais, l'an 3245, celui des Syriens vient se confondre avec lui.

Bientôt un autre fleuve s'y joint encore. Il représente les *Israélites*, et son union à celui de l'Assyrie désigne la captivité des dix tribus révoltées, qui furent transférées dans cet empire.

L'empire des *Mèdes*, fondé par *Arbaces* ou *Orbaces* en 3275, se sépare de l'Assyrie, et forme une branche nouvelle. Le royaume de *Babylone*, envahi par *Nabopolassar*, en forme un autre. La Médie et l'Assyrie se réunissant sous un même souverain, les fleuves qui représentent ces deux peuples se confondent. Bientôt après Cyrus réunit la Babylonie, l'Assyrie et la Médie sous une même domination, qui prend le nom d'*empire des Perses*.

SYRIENS.

Les Syriens commencent à être connus dans le vingt-et-unième siècle. Pendant une longue période de temps ce peuple fut gouverné par ses rois; mais, soumis par David, son pays est réuni au royaume d'Israël. Il s'en sépare au bout d'un demi-siècle, s'y réunit de nouveau, et s'en sépare encore une fois, pour devenir bientôt après, ainsi que le royaume d'Israël lui-même, la conquête des rois d'Assyrie.

Toutes ces révolutions sont clairement indiquées par la marche du fleuve qui représente les Syriens.

PHÉNICIENS.

Le fleuve qui représente les Phéniciens, depuis sa source jusqu'à l'époque où il va se perdre dans l'empire de Babylone, dont la Phénicie devient la conquête, n'éprouve presque aucun changement. On remarque seulement deux ruisseaux qui y prennent leur source : l'un indique l'émigration de *Cadmus*, qui alla s'établir en Béotie (*voyez* la Grèce); et l'autre désigne celle de *Didon*, fondatrice de Carthage.

JUIFS.

Le fleuve consacré à l'histoire des Juifs offre le nom d'Abraham inscrit vers sa source; puis vient la naissance d'*Isaac*, celle de *Jacob*; enfin, dans le vingt-troisième siècle, l'émigration de Jacob et de sa famille en Égypte. Pour indiquer cet événement, le fleuve des Juifs se perd dans celui des Égyptiens, et ce n'est qu'environ 250 ans après qu'il s'en sépare, lorsque les enfans d'Israël, conduits par Moïse, sortirent de l'Égypte.

Le fleuve poursuit sa route jusqu'à l'an 3009; alors, se divisant en deux branches, il forme les royaumes de *Juda* et d'*Israël*. On sait que le peuple de Juda, composé des seules tribus de Juda et d'Israël, obéissoit à *Roboam*; et Jéroboam, son frère, commandoit aux dix autres tribus rebelles.

Cependant le royaume d'Israël, après avoir vu deux fois la Syrie soumise à ses lois, devient la conquête des Assyriens. Les Israélites sont réduits en servitude l'an 3263. Environ 130 ans après, le royaume de Juda, éprouvant le même sort, est conquis par *Nabuchodonosor*, souverain de Babylone.

Le cours des deux branches du fleuve des Juifs est en conséquence suspendu; elles vont se perdre dans celles de l'Assyrie et de l'empire de Babylone.

Mais Cyrus, qui venoit de fonder l'empire des Perses, rend la liberté aux Hébreux 70 ans après la captivité de Babylone. Le fleuve des Juifs reprend donc sa course à cette époque; et, après avoir traversé l'espace d'un grand nombre de siècles, il va se perdre, l'an 70 de l'ère chrétienne, dans celui de l'empire romain, indiquant ainsi la conquête que les Romains firent de la Judée.

ÉGYPTIENS.

Depuis le dix-huitième siècle après la création du monde, jusque vers le milieu du trente-cinquième siècle, le fleuve qui représente les Égyptiens n'éprouve d'autre changement remarquable que l'entrée et la sortie des Juifs. Deux ruisseaux qui s'en détachent indiquent l'émigration de *Cécrops*, fondateur d'Athènes, et celle de *Cadmus*, qui alla s'établir en Béotie. En 3459 l'Égypte devient la conquête de *Cambyse*, roi de Perse, et son fleuve se confond avec celui de la Perse.

CHINOIS.

Le fleuve des Chinois, remontant plus haut que celui d'aucun peuple, annonce la haute antiquité de cette nation.

On le voit parcourir une longue suite de siècles sans éprouver aucun changement. C'est que l'empire, pendant toute cette période, n'éprouva aucune perte et ne s'aggrandit point par des conquêtes.

Mais, l'an 1259 après Jésus-Christ, la Chine est envahie par les Tartares *Mongols*; quatre-vingt-huit ans après ils en sont chassés, et le fleuve de la Chine reprend sa couleur primitive, qu'avoit altérée celle des Tartares. En 1644 la Chine devient une seconde fois la conquête d'un peuple étranger; les Tartares-Mantcheoux s'en emparent. Mais, comme ils adoptèrent les mœurs et les usages des vaincus, le fleuve qui les représente prend la couleur de celui des Chinois, auquel il se mêle. Revenons actuellement vers la gauche du tableau.

CARTHAGINOIS.

Nous avons vu s'échapper du fleuve de la Phénicie un ruisseau qui indique l'émigration de *Didon*. On sait que, fuyant le perfide Pigmalion, son frère, elle passa en Afrique, et y fonda la ville de *Carthage*. Le fleuve situé à droite de celui des Italiens et des Siciliens va nous offrir les progrès de cette puissance nouvelle.

On le voit à gauche s'augmenter de la Corse et de la Sardaigne, et à droite acquérir l'Espagne; il traverse ensuite plusieurs siècles sans recevoir d'augmentation. Mais dans le trente-huitième siècle la Corse et la Sardaigne s'en détachent pour se réunir à l'empire romain; il perd également l'Espagne, et lui-même bientôt après indique, en se jetant dans le fleuve de l'empire romain, que Carthage conquise est devenue une province romaine.

MACÉDONIENS.

Le fleuve qui indique les Macédoniens, situé sur notre tableau entre ceux des Carthaginois et des Grecs, suit paisiblement son cours jusqu'à l'époque du règne de *Philippe II*, père d'Alexandre-le-Grand. Ce roi belliqueux gagne la bataille de *Chéronée*, qui le rend maître de la Grèce. Bientôt *Alexandre* assujétit la Perse ; et le fleuve qui représente son empire, grossi par ses conquêtes, acquiert une largeur immense, qu'on ne peut comparer qu'à celle de l'empire romain. Mais son cours est de peu de durée ; on le voit après l'année 3660, époque de la mort d'Alexandre, se partager en grand nombre de branches qui représentent les débris de son empire. Les peuples de l'Asie-Mineure s'affranchissent du joug, et forment les royaumes de *Pont*, de *Bithynie* et de *Pergame*. *Séleucus* fonde la monarchie de *Syrie*. Les deux *Mithridate* celle de *Cappadoce*, et *Ptolomée* rétablit la monarchie d'*Égypte*. *L'Arménie* secoue le joug et devient un royaume considérable.

Les fleuves qui désignent ces monarchies vont tous se perdre dans celui de l'empire romain dont ils deviennent la conquête ; mais auparavant ils éprouvent dans leurs routes divers changemens.

Un ruisseau qui se sépare du fleuve de la

Syrie désigne les *Parthes* qui, ne pouvant souffrir une domination étrangère, secouèrent le joug des Syriens, et formèrent un royaume assez puissant qui se réunit ensuite à la Perse.

La même année, la *Carie*, la *Lycie*, la *Pamphilie* et la *Cilicie* se détachent encore de la Syrie et vont se joindre à l'Égypte; mais quelque temps après elles rentrent sous la domination syrienne.

Nous ne parlerons pas des autres conquêtes ou des autres pertes qui signalent le cours du fleuve syrien, jusqu'à l'époque où il se jette dans celui de l'empire romain. Un coup d'œil jeté sur la carte remplacera une longue explication.

GAULOIS.

Les Gaulois, dont l'histoire est inconnue avant le trente-cinquième siècle de l'âge du monde, sont indiqués par un fleuve de couleur rouge, qui bientôt va se perdre par différentes branches dans celui de l'empire romain.

Pendant plusieurs siècles la Gaule fut considérée comme une province romaine; mais, lors de la chute de l'empire d'Occident, elle devint la conquête des Francs, peuples qui habitoient les rives du Bas-Rhin.

On voit sur notre carte le fleuve des Gaulois portant encore la couleur jaune, qui distingue celui de l'empire romain, se mêler, vers la fin du quatrième siècle de notre ère, à un autre fleuve de couleur rouge qui représente les *Francs*.

Ici la Gaule prend le nom de FRANCE. Nous y reviendrons en parlant des FAANCS et des autres peuples sortis de la *Germanie*.

GERMAINS.

LE fleuve qui représente les Germains commence vers le milieu du trente-neuvième siècle.

Quelques siècles plus loin, on le voit se diviser en huit branches, qui indiquent autant de peuples sortis de l'Allemagne ou Germanie.

La première à droite est celle des *Goths*. Elle se subdivise en deux branches. On voit par leur marche que les Goths divisés en *Ostro-Goths* et en *Visi-Goths*, après avoir envahi une partie de l'empire d'Occident, s'établirent en Italie et en Espagne.

La seconde branche représente les *Bourguignons*, peuple qui occupoit les pays situés entre la Vistule et l'Oder. Cette branche, qui, après avoir traversé l'empire d'Occident, se jette dans la France, indique que les Bourguignons s'y établirent.

La troisième branche, toujours en allant de droite à gauche, désigne les Vandales, qui s'établirent dans l'Espagne avant que les Visi-Goths n'en fissent la conquête.

La quatrième indique les Lombards, qui établirent leur empire en Italie.

Toutes les branches suivantes vont se réunir au royaume des Francs ou des Français ; le fleuve qui représente cet empire est encore grossi par celui qui désigne le *royaume des Lombards* en Italie, et par un des bras du fleuve des Sarmates. En 843 il se sépare en trois branches. Cette division indique clairement celle de l'empire de *Louis-le-Débonnaire*, fils de Charlemagne, en ROYAUME DE FRANCE, EMPIRE D'ALLEMAGNE et EMPIRE D'ITALIE. Quarante-et-un ans après, ces fleuves, se joignant encore, désignent la réunion des trois empires sous le règne de *Charles-le-Gros*; mais après sa mort ils se séparent pour la seconde fois. Le cours du fleuve qui désigne l'Italie est bientôt suspendu ; ce qui indique la division de cette contrée en plusieurs petits états. Le fleuve qui représente la *France* continue sa route seul ; la *Bourgogne Cis-Jurane* s'en détache et forme avec la *Bourgogne Trans-Jurane*, démembrement de l'empire d'Allemagne, le *royaume d'Arles*, qui, en l'an 1032, va se réunir à l'empire d'Allemagne sous le règne de Conrad II.

Quelques siècles après on voit le fleuve de la France s'augmenter sans cesse par des ruisseaux qui viennent s'y jeter, et qui représentent les acquisitions de l'*Anjou*, de la *Normandie*, du

Dauphiné, de la *Bourgogne*, de la *Provence*, de la *Bretagne*. Les conquêtes de la *Bresse*, de la *Franche-Comté*, du *Roussillon*, etc., etc.

C'est ainsi qu'il parvient à la fin du dix-huitième siècle.

La *branche de l'Allemagne* éprouve aussi de grands changemens. En 1032 elle est augmentée par le royaume d'*Arles*, qui comprend les deux *Bourgognes*; elle acquiert ensuite plusieurs branches qui, sorties du fleuve des Sarmates, désignent la *Bohême* et la *Moravie*. Le fleuve qui représente les Hongrois vient également s'y jeter. Mais, en 1308, la *Suisse* s'en sépare. La *Hollande*, les *Pays-Bas* et la *Bourgogone* s'y joignent sous Charles V, qui régissoit aussi l'Espagne, mais c'est pour peu de temps. Bientôt le *Brandebourg* se réunit à la Prusse. L'Alsace, Strasbourg, la Lorraine, les pays du Rhin, la Belgique et Venise se séparent successivement de l'Allemagne, et vont se réunir à la France. Mais, en 1814, ces trois derniers s'en séparent; les pays du Rhin deviennent la propriété de la Prusse, la Belgique est incorporée au nouveau royaume des Pays-Bas, et le territoire vénitien concourt à former le royaume Lombard-Vénitien, placé sous la souveraineté de la maison d'Autriche.

Quatre petits bras désignés par la couleur

rouge, et voisins de celui de l'Allemagne, commencent leur cours dans le dix-neuvième siècle. Ils représentent divers états, qui, formés en Allemagne sous l'influence de la France, faisoient partie de la *Confédération du Rhin* qui n'existe plus, et qui est remplacée par la *Confédération Germanique*.

SARMATES.

Ces peuples sauvages portoient aussi le nom de *Slaves;* ils habitoient dans l'origine les contrées situées entre le Tanaïs et le Volga. Entre le cinquième et le sixième siècles on les voit sur notre carte se diviser en plusieurs branches. Trois d'entre elles inondent la partie septentrionale de la Germanie et la Bohême; une autre s'établit dans la Russie, la dernière reste dans la Pologne, sa patrie.

La branche qui représente les Polonais arrive jusqu'au commencement du treizième siècle sans éprouver aucun changement. Depuis cette époque, on voit la Pologne perdre ou acquérir tour à tour diverses contrées; enfin, en 1772, son cours, qui se subdivise en trois branches, annonce la fin de cette puissance, et le partage de son territoire entre la Russie, la Prusse et l'Autriche.

La BRANCHE DES RUSSES, ou plutôt des Slaves, après s'être séparée, poursuit seule sa route jusqu'au milieu du neuvième siècle. A cette époque une branche étrangère s'y jette, elle représente les *Varaigues* qui, venus des bords de la mer Baltique (Suède), inondèrent les pays de la Russie qui forment aujourd'hui les gouvernemens de Saint-Pétersbourg, de Revel et d'Archangel.

Jusqu'à l'année 1340, la Russie ne reçoit aucune augmentation et n'éprouve aucune perte. Dans cette année, la Russie Noire, et bientôt après la Podolie, la Moldavie et la Valachie s'en séparent; mais elle acquiert *Casan*, *Astrakan*, la *Sibérie*, l'*Ukraine*, la *Livonie*, la *Crimée*, et plusieurs autres provinces. En 1772, une partie de la *Pologne* vint aussi se réunir à la Russie; enfin, en 1814, elle acquiert le royaume de Pologne.

DANOIS, SUÉDOIS ET NORWÉGIENS.

Comme la source du fleuve qui représente ces peuples ne remonte guère sur notre carte au-delà du huitième siècle de notre ère, il est facile de voir qu'ils étoient à peu près inconnus avant cette époque.

Les historiens les désignent aussi sous le nom générique de *Scandinaves*.

Le fleuve des Danois et des Suédois se sépare presque dès son origine en deux branches, ce qui indique que ces peuples ne furent pas long-temps reunis sous un même souverain. Vers l'an 1000, la Norwège, conquise, se joint au Danemarck. Quatorze ans après, l'Angleterre se soumet à *Canut-le-Grand*.

Pendant environ cent vingt ans les royaumes de Danemarck et de Suède furent tour à tour réunis, ou formèrent des royaumes séparés. La carte indique clairement ces révolutions.

En 1723, *Gustave-Vasa* se fait reconnoître roi de Suède, et le fleuve qui représente ce royaume se sépare définitivement de celui du Danemarck, avec lequel la Norwège reste confondue.

Par les ruisseaux qui se jettent dans le fleuve de la Suède on voit que cette puissance acquiert en 1622 la *Livonie*, et qu'elle perd cette province, ainsi que l'*Ingrie*, en 1721; il en est de même de la *Poméranie*, des villes de *Brême* et de *Verden*; mais elle acquiert la *Scanie* en 1660, et la *Finlande* en 1808.

Le fleuve du Danemarck poursuit son cours jusqu'au dix-huitième siècle sans éprouver de changement remarquable. En 1814, il perd la Norwège qui s'unit à la Suède.

LETTES OU PRUSSIENS.

Entre la Pologne et la Hongrie, après le huitième siècle, commence sur notre tableau le cours d'un fleuve qui représente le peuple appelé

Lettes ou Lettons. Quelques siècles après, ce peuple prend le nom de *Prussiens*.

Dans le quinzième siècle ce fleuve se divise en deux branches, appelées *Prusse-Occidentale* et *Prusse-Orientale*. La première se joint à la Pologne ; l'autre continue sa route jusqu'au seizième siècle. Un changement considérable a lieu vers cette époque dans le sort de la Prusse. *Sigismond*, roi de Pologne, cède à l'*Electeur de Brandebourg* la Prusse-Orientale, qui étoit considérée comme un fief de sa couronne, et cet Électeur prend le titre de *Duc de Prusse*. Cet événement est clairement indiqué sur notre carte : on voit sortir de l'Allemagne une rivière qui désigne l'*électorat de Brandebourg*, et qui se confond avec la Prusse. Un grand nombre de ruisseaux qui se jettent dans ces fleuves réunis indiquent les acquisitions nombreuses de la Prusse, dont les plus importantes sont celles de la *Silésie* et d'une partie de la *Pologne*. Mais, en 1806, dans la guerre qu'elle soutint contre la France, elle perdit cette dernière province, le Hanovre, et tous les états compris entre le Rhin et l'Elbe ; en 1814, toutes ses pertes sont réparées, et elle acquiert, en outre, plusieurs pays compris dans le grand-duché du Bas-Rhin et la Poméranie suédoise.

Nous allons actuellement suivre sur la carte quelques fleuves, débris de l'empire d'Occident, et nous terminerons en parlant des Arabes, des Turcs et de quelques autres peuples orientaux.

Nous commencerons d'abord par l'*Italie*. Comme nous en avons déjà parlé à l'occasion des Lombards, qui en firent la conquête, nous la prendrons à l'époque du règne de Charlemagne.

Nous verrons sur le tableau, au huitième siècle de notre ère, qu'en ce temps le fleuve qui la représente se divise en trois branches. L'une se réunit à l'empire de Charlemagne; l'autre désigne le domaine accordé au Pape par cet Empereur; la troisième indique le royaume de *Naples* et la *Sicile*.

Nous ne suivrons pas le cours du fleuve qui représente les états du Pape, non plus que celui de trois petits fleuves qui se trouvent à côté, et qui désignent la *Savoie*, la *Toscane* et *Venise*. Leur cours, peu compliqué, se comprend facilement par la seule inspection de la carte.

Il n'en est pas de même de la branche de *Naples* et de *Sicile*. Naples et son territoire, qui étoient à peu près ce que les Romains appeloient la *Grande-Grèce*, sont érigées en duché vers le huitième siècle, et se séparent de la Sicile. Bientôt après ces deux contrées sont inondées par les Arabes. Environ cent cinquante ans après, les Normands chassent les Arabes du territoire de Naples, et *Guillaume de Hauteville* est nommé, en 1043, comte de *la Pouille*. En 1080 les Normands se rendent également maîtres de la Sicile, qui continue à former un état distinct de celui de Naples.

Les fleuves qui indiquent ces états se joignant à celui de l'Espagne, on voit facilement que les rois d'Espagne se rendirent maîtres de Naples et de la Sicile.

ESPAGNE.

Le fleuve de l'Espagne se trouve à droite de celui de l'Italie, et, comme il sort également de l'empire d'Occident, on voit qu'il en est aussi un démembrement.

On reconnoîtra, par les noms inscrits dans ce fleuve, que, vers l'an 409, l'Espagne fut subjuguée par les Vandales, les Suèves et les Alains, et que soixante ans après elle fut soumise par les Visi-Goths, peuples sortis de la Germanie.

En 712, on voit un autre fleuve se jeter dans celui de l'Espagne. Ce sont les *Arabes* ou *Maures* qui firent la conquête de ce beau pays. La petite branche qui se sépare à cette époque de l'Espagne désigne les Espagnols qui, sous la conduite de *Pélage*, se sont réfugiés dans les montagnes des Asturies, pour se soustraire au joug des Arabes.

Cette petite branche devient la source de plusieurs fleuves qui représentent les royaumes de *Navarre*, de *Léon*, d'*Aragon*, de *Castille* et de *Portugal*, ce qui indique l'augmentation et l'affermissement de la puissance des Espagnols. Celle des Arabes s'affoiblit en même temps. Ils perdent successivement *Tolède*, *Cordoue*, *Jaen*, *Valence*, *Séville*; enfin le fleuve qui représente leur domination en Espagne, n'est plus qu'un ruisseau qui désigne *Grenade*, la seule possession qu'ils avoient conservée; mais en 1492 Grenade devient la conquête des Espagnols, et les Arabes sont expulsés de l'Espagne.

Après 1492 le fleuve de l'Espagne acquiert une largeur considérable; il est augmenté par le royaume de Naples, par la conquête de la Navarre, et par des contrées immenses situées dans l'Amérique, qui vient d'être découverte.

En 1578 sa largeur est encore accrue par la réunion du Portugal; mais il perd une grande partie des *Pays-Bas*, qui s'en détachent en 1579.

L'Espagne éprouve ensuite plusieurs autres pertes, dont la plus considérable est celle du Portugal, qui s'en sépare en 1640.

Un petit nombre d'années après la fin du dix-septième siècle, le fleuve se partage en trois branches : celle à droite représente seule l'Espagne; elle parvient au commencement du dix-neuvième siècle, après avoir éprouvé quelques pertes. *Naples* et la *Sicile*, figurées par une autre branche, forment un royaume séparé; et la *Sardaigne*, qui depuis plusieurs siècles, appartenoit à l'Espagne, devient l'apanage de la maison de Savoie.

BRETAGNE OU ANGLETERRE.

L'AN 409, époque où l'empereur Honorius rappela de la Bretagne les légions romaines, peut être considérée comme celle de la séparation de cette île d'avec l'empire d'Occident. Un fleuve de couleur bleue, qui se jette dans celui de la Bretagne, représente l'invasion des Saxons. On suivra facilement les progrès de ces conquérans, sur notre carte. On voit la couleur qui les indique s'étendre de plus en plus, et enfin occuper toute la largeur du fleuve de l'Angleterre, à l'époque où les Bretons se réfugient dans le pays de Galles et dans la Bretagne française.

Le cours du fleuve n'est ensuite marqué, durant plusieurs siècles, que par l'arrivée de quelques peuples du Nord. En 1154, l'Anjou, la Normandie passent sous la domination des rois d'Angleterre à titre de fief relevant de la couronne de France; mais ils perdent ensuite ces provinces. L'an 603 est marqué par la réunion de l'Écosse à l'Angleterre. Le reste du cours de ce fleuve, jusqu'au dix-huitième siècle, est marqué par l'acquisition d'un grand nombre de colonies. En 1814, l'électorat de Hanovre lui est rendu, et prend le titre de royaume.

ARABES.

Ce fleuve, qui est situé à côté de celui de la Chine, ne commence que vers le sixième siècle de notre ère. Les Arabes étoient effectivement peu connus avant cette époque.

A partir de ce temps on voit, par les fleuves qui se jettent dans celui des Arabes, que la domination de ce peuple s'étend successivement sur la *Perse*, la *Phénicie*, la *Palestine*, la *Syrie*, l'*Égypte*, l'*Afrique Occidentale*, l'*Espagne*, la *Crète* et la *Sicile*. Mais l'empire des Arabes s'affoiblit ensuite par la division : les gouverneurs se rendent indépendans les uns des autres. Une nouvelle dynastie se forme sous le nom de *Seljoukcides*. La puissance qu'elle acquiert est indiquée en quelque sorte sur la carte par l'accroissement de largeur du fleuve qui la représente; mais bientôt il se divise en plusieurs branches, ce qui indique son affoiblissement. Une de ces branches donne naissance à l'empire des Turcs, que désigne la couleur jaune. Cet empire s'augmente sans cesse par des conquêtes, dont la plus considérable est celle de l'*empire d'Orient*.

MONGOLS.

La source du fleuve qui désigne les Mongols est placée entre le 11e. et le 12e. siècle de notre ère. On le voit tout à coup acquérir une grande largeur, image de la puissance à laquelle parvint le fameux *Tchinguis-Khan* ou *Gengis-Khan*. Cette puissance se soutient jusqu'au règne de *Cublai* ou plutôt *Koblai;* alors l'empire colossal des Mongols, déjà ébranlé par les divisions intestines, s'écroule, et de ses débris forme cinq états très-étendus, qui sont, en allant de droite à gauche (voyez la carte) : 1°. la *Chine;* 2°. le *Tchagatai,* ou grande et petite *Boukharie;* 3°. l'*Iran* ou la *Perse;* 4°. le *Toura*, portion de la Sibérie; 5°. le *Kaptschatks*, qui comprenoit plusieurs provinces de la Russie.

La seconde et la troisième branches se réunissent à l'époque du règne de *Timur-Khan* ou *Tamerlan*, conquérant fameux. En 1495, elles se séparent encore; l'une représente l'empire du *Grand-Mogol*, fondé par *Babur*, et l'autre se réunit à la nouvelle PERSE, empire fondé en 1499 par *Ismaël Sophi.*

Quant aux branches de *Tourah* et de *Kaptschatks*, leur cours interrompu annonce que les pays qu'elles représentent sont devenus la conquête des Russes.

IMPRIMERIE DE FAIN, RUE DE RACINE, PLACE DE L'ODÉON.

www.ingramcontent.com/pod-product-compliance
Ingram Content Group UK Ltd.
Pitfield, Milton Keynes, MK11 3LW, UK
UKHW020522180726
13839UKWH00005B/2246

9 782329 577340